당신도 칭찬박사 될 수 있다

칭찬합시다
그러면 성공합니다!

당신도 칭찬
박사  될수있다

김기현 지음

무지개마을

차례

1부. 칭찬박사의 훌륭한 칭찬비법을 배우자

2부. 나를 사랑하고 장점을 발견하라

머리말

칭찬의 정의, 사전이 너무 이상하다.

혹시 칭찬에 대한 정의를 깊이 생각해 본 적이 있습니까?
칭찬에 대한 정의를 사전에서 찾아보면서 너무나 놀랐습니다.

"이것은 칭찬이 아니다."라고 외치고 싶었습니다.
사전에 나온 칭찬의 정의가 이상하기 때문입니다.
지금까지 칭찬은 칭찬의 본질을 모르는 평가형 칭찬이었습니다.
과거, 현재에 묶인 아주 수준 낮은 칭찬이었습니다. 제대로 된 고급 칭찬, 사람이 변화되는 칭찬을 하고 싶었습니다.
그래서 칭찬에 대한 사전의 정의를 고쳐야겠다고 결심하였습니다. 칭찬박사운동은 사전에 나와 있는 이상한 칭찬의 정의를 새롭게 재 정의하여 진짜 칭찬운동을 하자는 것입니다.

칭찬의 사전적 정의는 "좋은 점이나 착하고 훌륭한 일을 높이 평가함. 또는 평가하는 말"이라고 나와 있습니다.
여기서 가장 마음에 거슬리는 단어가 평가였습니다.
인간은 평가가 아니라 칭찬받기를 간절히 원하고 있습니다.
또한 미래 지향적인 삶을 살려고 노력합니다.
그런데 우리의 칭찬은 미래가 아니라 과거나 현재에 대한 평가에 머무르고 있기에 나에 대한 칭찬도 제외 되어있습니다.
사실 칭찬효과는 자신칭찬(자기암시)이 가장 크고 중요합니다.

칭찬에 대한 관점부터 근본적인 변화가 절실히 필요합니다.

평가 앞에서는 누구나 실력 발휘가 어렵습니다. 제 실력을 발휘할 수 없는 평가가 아니라 칭찬으로 평소 실력의 100%, 1,000%, 10,000%를 발휘할 수 있는 진짜 칭찬을 해봅시다.

칭찬박사의 칭찬 정의는 "나와 다른 사람의 좋은 점이나 착하고 훌륭한 일을 높여주는 말과 행동, 특히 미래 가능성과 내면의 잠재력을 끌어 낼 수 있는 말과 행동." 이라고 할 수 있습니다.

괴테는 『현재의 모습대로 칭찬하면 지금보다 못하게 되고 그의 잠재력대로 칭찬하면 더 위대한 사람이 된다.』라는 우리의 가슴을 퍽 때리는 혁명적인 말을 했습니다.

괴테가 말하는 칭찬은 단순한 평가로서 칭찬이 아닙니다.

그 사람의 내면의 가치를 아는 진정한 미래 가능성, 내면의 잠재력으로서 칭찬입니다.

평가형 칭찬으로서는 참된 인간 변화를 가져오기 어렵습니다.

칭찬박사운동은 과거나 현재에 초점을 맞춘 평가나 측정이 아닌 미래 가능성에, 내면의 잠재력에 포인트를 둔 칭찬운동입니다.

이제는 사전의 칭찬정의를 과감하게 수정하고 미래 지향적인 칭찬을 합시다.

윤은기박사 한국협업진흥협회회장, 전 중앙공무원교육원장

–

칭찬은 인간이 지닌 최선의 에너지입니다. 칭찬받는 사람은 생동감이 넘치는 긍정적인 삶을 살아갈 수 있습니다. 칭찬하며 사는 사람 또한 최상의 행복감을 느끼며 살 수 있습니다. 우리사회에 칭찬문화를 확산시켜온 김기현 칭찬박사가 이제 칭찬돌풍을 일으킬만한 새로운 운동을 전개합니다. 모두 동참하여 대한민국의 에너지를 함께 키워 가시기를 희망합니다.

전영호박사 한민고등학교 교장, 경기과학고(과학영재학교초대교장)

–

칭찬은 평범한 사람을 특별하게 만드는 마법사이다. 칭찬은 상대방과 나를 모두 행복하게 해준다. 그 어느 때보다 칭찬이 필요한 시대에 전 국민 칭찬운동을 펼치고 있는 저자가 "당신도 칭찬박사가 될 수 있다"라는 귀한 책을 우리 앞에 내 놓았다. 이 책은 국민 모두에게 희망을 주고 활력을 불어넣어주는 내용으로 엮어졌다. 가정과 학교에서 칭찬이 더 필요하기에 학부모님과 선생님들께 적극 추천합니다.

정덕환 행복공장만들기운동본부 회장/에덴복지재단 설립자

–

칭찬으로 사회에너지를 바 칭찬으로 사회에너지를 바꿀수 있다는것에 큰 충격을 받았다. 들으면 기분좋은말 정도로 생각하고 살았는데 올바른 칭찬으로 자

살 왕따뿐만 아니라 사회전반에 걸쳐있는 어두운 그림자를 밝은에너지로 전환시킬수 있는 혁명운동이 바로 칭찬운동이라는 것에 경이로움을 느낀다. 아무도 알아주지 않는 칭찬사회운동을 30년동안 해오신 김기현박사님께 저절로 고개가 숙여지며 에덴복지재단 장애인뿐만 아니라 전세계 장애인들에게도 세상에 기여할수있는 칭찬박사가 될수있다는 큰 희망을 선물해주신 김기현박사님께 깊은 감사를 드린다.

김진표의원 국정자문위원회위원장, 전 경제부총리, 전 교육부총리
–

직장인 75%가 돈 때문이 아닌 상사 때문에 직장을 떠나고, 직장인 80.5%가 직장 우울증으로 힘들어하고 가정과 직장, 지역공동체가 무너져가는 이때에 전 국민을 칭찬박사로! 라는 슬로건으로 전 국민 칭찬운동을 펼치는 김기현박사께서 국민의 마음을 하나로 모으고 나라다운 나라, 행복한 대한민국을 세우기 위해 특별한 책을 출간하였기에 일독을 권유합니다.

정용선박사 새한대학교 경찰소방대학장, 전 경기경찰청장
–

칭찬은 다른 사람을, 사회를 변화시키는 놀라운 힘입니다. 그에 앞서 나 자신을 더욱 순수하고 아름답게 변화 시킵니다. 맑고 순수한 마음으로 다른 사람의 장점을 찾아 칭찬하다 보면 나도 그렇게 긍정적으로 변화되기 때문입니다. 국민 한 사람 한 사람을 칭찬 폭격기로 만들어 우리 사회를 더욱 밝고 건강하고 행복

하게 만들고자 하는 칭찬박사운동이 이 책을 통해 빠른 시일 내에 범국민운동으로 확산되길 기대하며 적극 추천합니다.

이인석 대표이사 (주)이랜드서비스 대표이사
–

켄 블랜차드는 칭찬은 고래도 춤추게 한다고 합니다. 칭찬이 사람들의 잠재능력을 펼치는데 중요한 심리적 원동력이 된다는 얘기입니다.

기업에서는 개인이나 팀의 작은 성공을 중요하게 생각합니다. 작은 성공을 했을 때 받는 칭찬과 격려가 더 큰 성공을 이루는 동기부여가 되기 때문입니다.

김기현박사께서 펼치시는 칭찬운동은 우리사회를 긍정적으로 바꿀 힘이될 것입니다. 모두가 행복한 세상을 만드는데, 가장 필요한 운동이 칭찬운동이기에 적극적으로 응원합니다.

박재희박사 3분고전 저자, 민족문화콘텐츠연구원장
–

세상의 모든 사람은 누구나 칭찬 받을 이유가 있습니다. 왜냐하면 세상에 태어난 것 자체가 하늘의 칭찬 결과이기 때문입니다. 사람들은 자신만의 향기와 색깔을 갖고 있기에 그것만으로 충분히 위대한 존재입니다. 김기현박사의 칭찬이야기는 비교와 경쟁의 시대에 사람이 소중함을 널리 알리는 작지만 확실한 울림이 될 것입니다.

1부。
칭찬박사의 훌륭한 칭찬비법을 배우자

칭찬은 고래도 춤추게 한다(책 제목) 칭찬은 맷돼지도 춤을 춘다(책 제목)
칭찬은 나를 변화시키는 가장 강력한 핵무기다(김기현박사)
미국의 마크 트웨인은 「나는 칭찬 한마디면 두 달을 살 수 있다」고 했습니다.
나는 더 강조하고 싶습니다. "위대한 칭찬은 1년을 넉넉히 살 힘이 있고 기념비적
인 칭찬은 평생을 살 수 있는 힘이 생긴다." 당신은 어떤가요?

칭찬은 가장 위대한 교육자요, 최고의 교육방법입니다.
사실 칭찬으로 바꿀 수 없는 사람은 없습니다.
칭찬은 대단한 내용이 아니어도 좋습니다.
그냥 "선생님 참 멋져 보이시네요. 미소가 참 아름다우시네요. 오늘따라 얼굴이 더
환해 보이시네요." 등으로 한마디 던지고 "오늘 무슨 좋은 일이라도 있으신가요?"라고
질문만 해도 훌륭한 칭찬이고 사람은 기분 좋아 집니다.

1부
칭찬박사의 훌륭한 칭찬비법을 배우자

피그말리온 효과, 아로마 효과

어떤 사회나 집단에 긍정적인 기대를 하면 이에 부응하는 결과가 나타나는 것을 '피그말리온 효과'라고 한다. 1968년 두 명의 미국 심리학자가 중요한 실험을 했다. 학기 초반을 배정받은 담임교사에게 몇몇 학생의 명단을 넘겨주며, '이 학생들은 검사 결과 잠재력이 우수한 학생들'이라고 귀띔을 해 주었다. 물론 교사에게 넘겨진 명단은 가짜였다. 그러나 그로부터 1년 뒤, 명단에 있던 아이들의 성적과 지능지

수가 실제로 눈에 띄게 높아진 사실이 발견되었다.

이스라엘에서도 무작위로 병사들을 선발, 우수, 보통, 미확인 딱지를 붙여 훈련시킨 결과 처음 '우수'를 달고 훈련받은 병사는 모두 우수한 성적을 거두었다. 기대감을 말로 표현하는 칭찬의 힘은 감염 효과도 엄청나서 사회 전체에 자긍심을 심어 준다.

이처럼 칭찬이 좋은 향기와 같이 퍼져, 사회 전체를 밝혀 주는 현상을 '아로마 효과'라고 한다. 칭찬에 대한 오해를 풀고 노는 입에 칭찬하자. 칭찬박사는 나라를 살리는 최고의 애국이다.

이것이 바로 칭찬위력입니다.

남아프리카 바벰바족의 이상한 칭찬형벌을 아십니까?

남아프리카 잠비아 북부의 고산지대 화전민 부족인 바벰바(Babemba)족 사회에는 범죄 행위가 극히 드뭅니다.

어쩌다 죄 짓는 사람이 생기면 그들은 정말 기발하고 멋들어진 방법으로 그 죄를 다스립니다.

부족 중 한 사람이 잘못을 저지르면 그를 마을 한복판 광장에 데려다 세웁니다. 마을 사람들은 모두 일을 중단하고 남녀노소 할 것 없이 광장에 모여들어 죄인을 중심으로 큰 원을 이루어 둘러섭니다.

그리고 한 사람씩 돌아가며 모두가 들을 수 있는 큰 소리로 한마디씩 외칩니다.그 외치는 말의 내용은 죄를 지어 가운데 선 사람이 과거에 했던 잘한 일들입니다. 그의 장점, 선행, 미담들이 하나하나 열거됩니다.

어린 아이까지 빠짐없이 말합니다. 과장이나 농담은 일

체 금지 됩니다. 심각하고 진지하게 모두 그를 칭찬하는 말을 해야 합니다.

말하자면 판사도 검사도 없고 변호사만 수백 명 모인 법정과 같은 것입니다.

죄 지은 사람을 비난하거나 욕하거나 책망하는 말은 결코 한마디도 해서는 안 되고 꼭 잘한 것만 말하게 되어있습니다.

몇 시간이고 며칠에 걸쳐서 칭찬의 말을 바닥이 나도록 다 하고 나면 그때부터 축제가 벌어집니다.

잘못을 저질렀던 사람이 이 기발한 칭찬 의식을 통해 새사람이 되었다고 인정하고 축하하는 잔치를 벌이는 것입니다.

실제로 이 놀라운 칭찬샤워, 칭찬의식은 죄짓고 위축되었던 사람의 자존심을 회복시켜 줍니다.

진짜 새사람이 되어 모든 이웃의 사랑에 보답하는 생활을 하겠다는 눈물겨운 결심을 하게 만듭니다.

범죄 행위에 대한 이 기발한 처리 방식 덕분에 범죄 행위가 거의 없어서 이런 행사를 하는 일은 극히 드물다고 합니다.

칭찬은 사람을 선하게 만들어 선순환 사회를 만들지만 징죄는 그를 악한 사람으로 만들어 악순환이 계속되게 만듭니다.

아프리카 속담처럼 '한 아이를 키우는 데는 온 마을이 나서야 한다.'는 말의 의미를 다시 생각하게 합니다.

그래서 범죄도 개인의 문제로만 치부하지 말고 공동체의 문제로 인식하고 모두가 나서 칭찬샤워를 시켜 준다면 전혀 다른 결과가 나오리라고 봅니다.

바벰바족은 미개 부족이라 하지만 사람에 대한 이해, 존중은 최고의 선진국보다 수준 높은 겁니다.

사람이 먼저라고 여러 정치인들이 외치고 있는 대한민국 사람들은 어떤가요?

여전히 사람보다 돈, 일을 중요하게 생각하고 있습니다.

하지만 바벰바족은 범죄를 저지른 한 사람을 살리기 위해 하던 일을 멈추고 마을 한복판으로 모입니다.

그들이야말로 훌륭한 인성의 소유자들 아닐까요?

장미꽃도 칭찬이 필요하다

김춘수 시인의 꽃을 아십니까?

내가 그의 이름을 불러주기 전에는

그는 다만 하나의 몸짓에 지나지 않았다.

내가 그의 이름을 불러 주었을 때

그는 나에게로 와서 꽃이 되었다.

꽃도 칭찬이 없을 때는 아무 의미 없는 존재였습니다.

이름을 불러준 누군가의 칭찬이 있을 때 의미 있는 꽃이

된 것입니다.

꽃이란 시는 칭찬의 백미입니다.

꽃은 칭찬이 얼마나 필요하고 중요한지를 가장 잘 표현

한 시입니다.

꽃과 잡초의 가장 근본적인 차이는 꽃과 잡초 자체에 있

지 않습니다.

꽃은 이름을 불러주는 사람이 있고, 잡초는 이름을 불러주는 사람이 없는 것입니다.

칭찬은 관심입니다. 칭찬은 사랑입니다. 칭찬은 배려입니다. 그래서 꽃도 칭찬이 필요합니다. 아무리 꽃처럼 아름다운 사람도 칭찬이 없으면 하나의 몸짓에 지나지 않습니다.

칭찬은 하나의 몸짓에 지나지 않는 잡초도 멋진 꽃으로 변화시킵니다.

지금 외롭습니까? 지금 힘드십니까? 지금 당신 곁을 둘러보십시오.

당신의 꽃이 되고 싶어 오래전부터 가슴 조이며 기다리는 한 사람이 있습니다.

다가가서 그의 이름을 불러주세요. 그는 당신의 꽃이 될 것입니다.

그래서 칭찬은 용기가 필요합니다.

칭찬도 사이클이 있다.

칭찬에도 격이 있습니다. 단순히 일회성 칭찬이 있고, 교육적인 의도나 큰 성과를 위해 지속적으로 하는 칭찬이 있습니다.

특히 교사나, 부모, 조직의 리더는 칭찬 사이클이 작동될 수 있도록 칭찬해 보십시오. 조직에 놀라운 변화가 올 것입니다. 칭찬 사이클은 일명 행복 사이클이라고도 부릅니다. 이 칭찬 사이클대로 하면 행복이 넘치고 성과가 뛰어나 큰 성취가 있게 됩니다.

6단계 칭찬 사이클은 칭찬⇒ 감동⇒ 성과⇒ 칭찬⇒ 존경⇒ 성취로 이루어집니다. 칭찬이 단회 적인 것으로 끝나지 아니하고 6단계 사이클로 이루어질 때 칭찬하는 사람은 참으로 행복한 사람이 됩니다.

직장이나, 가정에서 어떤 사람을 칭찬하면 그 사람은 감동하게 됩니다. 특히 대한민국같이 칭찬이 인색한 나라의 국민은 칭찬에 몹시 굶주려 있습니다. 지금 우리나라 사람은 배가 고픈 것이 아니라 칭찬 고파하고 있습니다. 그러기에 칭찬의 효과는 더욱 큽니다. 감동한 사람은 감동으로 그치지 아니하고, 그 보답으로 반드시 성과를 내게 되어 있습니다. 그 성과는 큰 성과일 수도 있고, 아주 작은 변화일 수도 있습니다. 변화의 크기에 관계없이 리더는 그 순간을 놓치지 않아야 됩니다. 사람을 변화 시키려는 리더는 언제나 상대의 작은 변화에 민감해야 합니다. 아주 작은 변화라 할지라도 그 부분을 매우 중요하게 생각하며, 그 부분에 대해 깊은 관심 표명과 함께 다시 한 번 칭찬을 해 주어야 합니다. 그러면 예상치 않은 과한 칭찬을 들었으니 감동에 감동을 하게 됩니다. 그러면 완전히 상대를 신뢰하며, 존경하게 됩니다. 그 때부터는 자신이 존경하는 사람의 마음에 들게 하려고 목숨 걸고 열심히 일하게 됩니다. 이렇게 되면 자연스럽게 큰 성취를 얻습니다. 그리고 모두가 매우 행복하게 됩니다. 이 칭찬 사이클을 계속 반복하면 완전한 습관이 되고 서로가 큰 성취를 이루게 됩니다. 이것이 바로 이 땅에 천국을 이루는 칭찬박사의 삶이요, 공동우승 리더의 삶입니다. 그러나 주의할 것은 어떤 일을 더 시키게 하기 위해서 이것을 이용해서는 안됩니다.

칭찬은 가정과 조직의 윤활유요,
신바람을 일으키는 최고의 마법이다. (칭찬박사)

칭찬의 효과

훌륭한 성과에 대해 강화함으로써 학습효과를 높일 수 있습니다.

① 긍정적인 기분을 갖고 행동하게 만든다.

② 소속감과 직무만족도가 높아진다.

③ 훌륭한 성과가 계속 유지된다.

④ 조직 내 활력이 높아진다.

⑤ 각종 사고와 위험을 줄일 수 있다.

칭찬박사 어록

"장미꽃을 든 손에는 장미향이 나듯이 칭찬하는 입에는 칭찬의 향기가 난다." 그렇습니다.

생선장수의 손에는 비린내가 나듯이 칭찬하는 사람의 입에서는 칭찬의 향기가 나야 마땅하지 않겠습니까?

탁월한 칭찬박사의 칭찬 법

"도가니로 은을, 풀무로 금을, 칭찬으로 사람을 단련하느
니라."
－솔로몬왕

은을 만드는 데는 도가니가 필요하고 금을 만드는 데는
풀무, 용광로가 필요합니다. 그러나 금같은 사람을 만드는
데는 반복 된 칭찬이 필요합니다.

칭찬은 인간의 잠재력에 불을 붙이는 것이요.
펌프에 한 바가지 마중물을 붓는 것입니다.
한 발짝 물러 서 보십시오. 걸음을 멈추고 상대방의 장점
을 칭찬해 보십시오.

칭찬은 가장 위대한 스승입니다.

1) 칭찬의 4단계

1단계 : 물건이나 사물을 칭찬한다.

　　　　넥타이, 액세서리, 첫인상, 옷 코디, 외모 등

2단계 : 성취한 것, 이룬 것을 칭찬한다.

　　　　상, 승진, 학위, 우승, 프로젝트 완성, 자녀 입학,

　　　　졸업 등

3단계 : 자질이나 가치관을 칭찬한다.

　　　　정직하다, 열정적이다, 책임감이 뛰어나다, 정이 많다,

　　　　인간미가 넘친다, 칭찬을 잘 한다.

4단계 : 미래 가능성, 내면의 잠재력을 칭찬한다.

　　　　큰 인물이 될 것입니다. 내면의 잠재력이 뛰어나

　　　　훌륭한 사람이 될 것이다. 세계적인 훌륭한 선수

가 될 것이다. 등을 칭찬 한다.

2) 칭찬의 방법과 원리를 배우자

칭찬은 하는 방법도 중요하지만 받아들이는 방법이 더
중요합니다.

① 이름을 부른다.
② 칭찬을(근거를 가지고)한다
~ 을 본받고 싶습니다.
~ 점이 존경스럽습니다.

먼저 상대방의 이름을 부른다.
그 다음 근거를 가지고 3가지 정도의 칭찬을 한다.

칭찬과 아부의 큰 차이는 근거가 확실히 있느냐? 근거가 없느냐? 입니다.

하지만 칭찬과 아부의 경계선은 모호합니다.

아부라고 할지라도 상대를 사랑하고 존경하는 마음으로
하는 것은 칭찬이나 다름없습니다.

칭찬받은 사람은
부정하거나 꽁무니를 빼지 말고 쑥스럽다할지라도 그대
로 받아드려 보십시오.

감사합니다. 부족한 저를 그렇게 봐주시는 선생님은
더 존경스럽습니다. 더 훌륭하십니다.
이렇게 칭찬해 주시는 선생님은 더 미인(미남)이십니다.

내가 받은 칭찬에서 그 앞에 "더"라는 글자 하나만 붙이
면 수준높은 칭찬문화가 형성 됩니다.

동서고금을 막론하고 칭찬만큼 훌륭한 교육은 없습니다.

2부.
나를 사랑하고 장점을 발견하라

성공한 사람들의 공통점은 자신을 진정으로 사랑하고
자신의 장점을 발견한 사람들이라는 통계가 있습니다. 너무나 당연한 이야기인데
많은 사람이 낯설어하고 있는 것은 왜일까요?

2부
나를 사랑하고 장점을 발견하라.

나에 대한 바른 생각을 하자!

커밍워크는 세계적으로 크게 성공한 사람들을 조사했습니다.

그들의 공통점은 머리, 공부, 기술, 태도가 세계적으로 탁월한 사람들이었습니다. 넷 중 한 가지라도 탁월한 사람들이 성공했다는 것이다. 그런데 놀라운 것은 머리, 공부, 기술은 모두 합하여 7%밖에 되지 않고 93%가 태도라고 했습니다.

그런데 사람들은 성공요인을 항상 머리, 공부, 기술에서 찾았습니다.

어떤 사람도 "나는 태도가 나빠 실패했다."는 말을 들어 본적이 없습니다.

머리가 좋지 않고, 공부를 많이 못했고, 특별한 기술이 없다 할지라도

태도만 좋으면 인생대학에서는 93점으로 A학점을 받을 수 있습니다.

적극적이고, 진취적이고, 긍정적이고 도전적인 태도로 살아간다면

그 누구라도 성공적인 삶, 존경받는 삶을 살게 될 것입니다.

나는 천재다. 나는 잘할 수 있다.라고 크게 외쳐보세요.

『인간은 생각만큼만 바뀔 수 있고, 생각만큼만 성공할 수 있다』
(벤자민 플랭크린)

자신의 능력을 감추는 것은 가장 어리석은 행동이다.

(칭찬박사)

이 말에 동의할 수 있습니까?

우리는 인정받고, 사랑받기 원하면서도 정작 그 기회를 주지 않는 경우가 많습니다.

먼저는 자신의 능력을 자신이 못 믿고, 둘째는 유교유산과 여러 종교유산으로 겸양의 미덕을 자랑해 왔습니다.

결국 다른 사람이 나의 능력을 인정해주기 바랐을 뿐 능력을 보여준 적은 없습니다.

이제는 자신의 능력을 믿고 좀 더 당당히 능력을 보여주십시오.

벤자민 플랭크린도 정말 의미심장한 말을 했습니다.

자신의 능력을 감추지 마라. 재능은 쓰라고 주어진 것이다.

『그늘 속에 해시계가 무슨 소용이랴』(벤자민 플랭크린)

그늘 속에 있는 해시계가 무슨 소용이 있겠습니까?

우리의 능력도 마찬가지 아니겠습니까?

자신감의 비밀 『잘된다. 잘된다. 나는 잘된다』

자신감의 비밀을 알고 나서 나는 삶이 완전히 바뀌었습니다.

그래서 30년 동안 열등감 연구를 하면서 열등감을 자신감으로 바꾸는 운동을 하고 있습니다.

자신감은?

자신감에 대해 사전은 어떻게 정의 할까요? 사전을 찾아보고 깜짝 놀랐습니다.

자신감(自信感)은 "자신이 있다는 느낌."으로 능력이 아니었습니다.

느낌이니 사실이나 능력과는 큰 차이가 있습니다.

그러니 느낌만 좋으면 자신감이 있고 자신감이 있으면 능력이 있다는 걸 증명할 수 있게 됩니다.

그렇다면

자신감이 있을 때와 없을 때 – 뇌 크기가 얼마나 차이가 날까요?

놀랍게도 자신감이 없으면 뇌가 평균 20%정도 줄어듭니다.

만약 뇌가 20% 줄어들면 기억력은 급속히 감퇴됩니다. 암기력도 확 떨어집니다.

결국 자신이 없고 갑자기 바보가 된 느낌이 됩니다.

수능에서 자신감 있을 때와 없을 때 – 평균 몇 점 차이가 날까요?

수능에서 같은 반 아이들을 자신감 있는 아이와 자신감이 떨어진 아이들로 구분하여 시험을 치렀는데 무려 9점 차이가 났습니다.

중상위권에서 9점 차이는 수만 명이 왔다 갔다 하는 점수입니다.

1) 왜 이기는 자는 계속 이길까?

왜 연승하는 팀과 연패하는 팀이 있을까?

여러분, 궁금하지 않으세요?

미국 하버드경영대학원 모자베스 모스 캔더교수는
『결정적인 차이는 실력이 아니라 자신감!』이라는 걸 스포츠
팀 연구를 통해 밝혀냈습니다.

미국 코네티컷 대학의 여자 농구팀이 70연승을 달성하며 신
기록을 갱신하였습니다.
그 당시 개인 기량은 전년도 팀이나 상대 팀들보다 한참 뒤
졌습니다. 그들에게는 최고의 선수가 없어도 이길 수 있다는
확신이 있었습니다.

자신감의 4단계
승리가 승리를 낳는다. 그 이유는 승리가 다음 네 단계의 자
신감을 낳기 때문입니다.
1단계는 자신에 대한 확신—기대치를 높게 갖는 감정상태

승리는 기분 좋은 일이고, 좋은 기분은 쉽게 전염된다.

사기를 높여줘 목표치를 높게 잡게 만들고 목표성취를 기대하는 것도 쉬워집니다.

2단계는 타인에 대한 믿음- 긍정적, 협조적, 팀 지향적 행동

3단계는 시스템에 대한 신뢰- 책임의식과 협력, 솔선을 촉진하는 조직구조

4단계는 대외적 자신감- 인적, 물적, 자원을 제공하는 네트워크

2) 박지성의 성공요인은 뭘까요?

이 경기장에선 내가 최고다.

이 그라운드에서는 내가 주인공이다.

대한민국 최고의 스포츠 스타, 아시아 최고의 축구선수,

맨유의 레전드가 된 박지성

그의 성공요인을 꼽는다면 요령피지 않는 성실함과 최선을 다하는 경기실력이라고 할 수 있습니다. 박지성은 그 나머지 결정적인 힘을

'자기 암시'라고 말합니다.

2005년 11월 15일 대표팀의 단체 인터뷰 자리에서 박지성은 이렇게 얘기했습니다.

"경기장에 나설 때마다 내가 최고의 선수라고 다짐을 합니다. 그라운드에서 좋은 플레이를 하기 위해서는 무엇보다 자신감이 필요하기 때문이죠. 자신감을 갖기 위해 어떤 스타 선수보다 내가 더 뛰어나다고 암시를 걸어요."

박지성의 자신감을 부르는 자기 암시 3단계

첫째, 경기장에 나설 때 '내가 오늘의 최고 선수'라는 믿음이 설 때까지 마음속으로 외친다.

둘째, 체력이나 기술에 자신 있다고 당당하게 이야기 한다.

셋째, 성공한 선수라고 나를 세뇌한다.

그렇다면 박지성처럼 자신감을 갖게 하는 자기암시 칭찬을
해 볼까요?

자신감을 갖게 하는 자기칭찬

이 10가지를 매일 아침저녁으로 한 번씩 외쳐봅시다.

1) 나는 열정적이다.
2) 나는 적극적이다.
3) 나는 긍정적이다.
4) 나는 용기가 있다.
5) 나는 자신감이 넘친다.
6) 나는 행복하다.
7) 나는 프로다.
8) 나는 꿈이 있다.
9) 나는 할 수 있다.
10) 잘된다. 잘된다. 나는 잘~~ 된다.

자신을 사랑하고 자신과 타인의 장점발견

성공한 100인의 공통점은 무엇일까요?

세계적인 동기부여가 지그 지글러 박사는 미국의 정치, 경제, 교육계 등의 성공한 100인의 공통점 발견했습니다.

그들은 한결같이 "장점을 발견할 줄 아는 사람"이었습니다.

1)칭찬박사 10계명

1. 성과보다는 그의 존재와 가능성을 칭찬하라.

2. 과거 평가가 아니라 미래의 잠재력을 칭찬하라!

3. 칭찬은 긍정적 예언이고 가불이다!

4. 경기가 안 좋을수록 더 많이 칭찬하라! 경제와 경기는 심리다.

5. 외모, 성취, 자질, 잠재력의 4단계로 칭찬하라!

6. 칭찬은 감사로 받아들이고 더 존경스럽다고 칭찬하라!

7. 사촌이 잘되면 기립박수를 쳐주고, 형제가 잘되면 잔치를 해주자!

8. 최고의 칭찬인 기립박수로 칭찬하라.

9. 노는 입에 칭찬하라. 운명이 바뀐다.

10. 미소로 인사하고 대화로 칭찬하라!

2)무엇이 보입니까? 무엇을 보고 계십니까?

누구나 장점과 단점이 있습니다.

모든 사람은 장점이 100가지 이상 있고, 단점은 10가지 정도 됩니다.

다만 내 장점과 단점을 어디에 두고 사느냐가 중요합니다.

행복과 불행도, 성공과 실패도 여기가 갈림길입니다.

3) 나를 위한 100가지 칭찬

사용하는 단어가 많을수록 창의성도 좋아집니다.

1. 나는 나를 사랑한다.   2. 나는 장점이 많다.

3. 나는 잘 웃는다.   4. 나는 미소가 아름답다.

5. 나는 인사를 잘한다.   6. 나는 인사를 잘 받아 준다.

7. 나는 칭찬을 잘한다.   8. 나는 칭찬을 자주 듣는다.

9. 나는 장점을 잘 발견한다.   10. 나는 감사표현을 잘 한다.

11. 나는 나누기를 잘 한다.   12. 나는 봉사를 잘 한다.

13. 나는 섬김의 리더다.

3부.
나도 훌륭한 칭찬박사가 될 수 있다

3부
나도 훌륭한 칭찬박사가 될 수 있다.

나의 겉모습에 나를 가두지 말라.

나의 겉모습에 나를 가두는 일은 나를 망치는 가장 어리석은 행동이 됩니다. 오늘날 너무 많은 사람들이 자신의 외모나 겉모습에 자신을 가두어 놓는 우를 범하고 있습니다.

괴테는 말하기를 『자신이 요구하는 바를 이루기 위해서는 자신의 실제모습보다 자기 자신을 더 훌륭하게 여겨야 한다.』고 했습니다.

정말 그렇습니다.

왜냐하면 당신은 당신이 생각하는 것보다 훨씬 더 훌륭하기 때문입니다. 그렇다면 나는 어떤가?

당신은 당신의 참 모습을 아직 1/100도 못 보여 줬습니다.

괴테는 또 말하기를 『남의 좋은 점을 발견할 줄 알아야 한다. 그리고 남을 칭찬할 줄도 알아야 한다. 그것은 남을 자기와 동등한 인격으로 생각한다는 의미를 갖는 것이다.』라고 말했는데 정말 의미심장합니다.

106가지 칭찬의 비유와 효과

칭찬의 여러 가지 비유와 효과를 한 번 읽어보십시오.
저절로 입가엔 미소가 생길 것입니다.

사람들은 나를 미인대칭대통령, 칭찬박사라고 부릅니다.
미인대칭대통령이란 책에 101가지 칭찬이야기가 나간 후에
KBS1 라디오 등 여러 방송에서 거론되었습니다. 여기 106
가지를 읽고 나면 칭찬이 얼마나 중요하고 필요한지 더 이
상 설명이 필요가 없을 것입니다.

1. 칭찬은 적군도 친구로 만든다. 마음이 따뜻해지고 여유로워진다.

2. 칭찬은 긍정적 예언이고 가불이다. 자신감이 생기고 기분 좋다.

3. 칭찬은 행복 경영이다. 고객만족 고객감동 고객기절을 하게한다.

4. 칭찬은 범죄자도 선한 사람으로 바꾼다.

5. 칭찬은 화장품이다. 바르면 즉시 예뻐진다.

6. 칭찬은 평강 공주다. 바보도 장군으로 만든다.

7. 칭찬은 훌륭한 선생님이다. 사람을 변화시킨다.

8. 칭찬은 만병통치약이다. 칭찬으로 못 고치는 것이 없다.

9. 칭찬은 마중물이다. 한 바가지만 부으면 계속 나온다.

10. 칭찬은 밥이다. 먹기만 하면 든든하고 힘이 난다.

11. 칭찬은 마술사다. 굳어 있는 얼굴도 웃음꽃을 피게 한다.

12. 칭찬은 노래방 기계다. 콧노래가 절로 나온다.

13. 칭찬은 오아시스다. 갈증 날 때 시원하게 한다.

14. 칭찬은 릴레이다. 칭찬은 칭찬으로 이어진다.

15. 칭찬은 장미꽃이다. 자꾸 향기가 퍼진다.

16. 칭찬은 꿀이다. 먹으면 꿀맛이다.

17. 칭찬은 자동문이다. 마음 문이 저절로 열린다.

18. 칭찬은 최첨단 미사일이다. 적도 쉽게 함락시킨다.

19. 칭찬은 풍선이다. 몸이 날 것처럼 가벼워진다.

20. 칭찬은 보너스다. 받으면 신이 난다.

21. 칭찬은 미래저축보험이다. 어려울 때 나를 지켜 준다.

22. 칭찬은 참기름이다. 고소한 냄새가 난다.

23. 칭찬은 윤활유다. 인간관계가 부드러워진다.

24. 칭찬은 대형 거울이다. 내가 네가 되고 네가 내가 된다.

25. 칭찬은 행운의 열쇠다. 기도 살고 마음도 가벼워진다.

26. 칭찬은 전파탐지기다. 숨어 있는 거대한 능력을 찾아낸다.

27. 칭찬은 자성 예언이다. 미래에 그대로 이루어진다.

28. 칭찬은 유능한 경영자다. 좋은 성과를 낸다.

29. 칭찬은 숨은 그림 찾기다. 찾을 때 기쁨이 두 배다.

30. 칭찬은 탁월한 조련사다. 불가능한 것도 성장 시킨다.

31. 칭찬은 키 크는 약이다. 몸과 마음을 열 배로 키워 준다.

32. 칭찬은 에밀레 종소리다. 오래도록 여운이 남는다.

33. 칭찬은 성장 촉진제다. 칭찬받으면 쑥쑥 자라난다.

34. 칭찬은 고리대금업자이다. 되로 주면 말로 받는다.

35. 칭찬은 서치라이트다. 마음을 대낮처럼 밝혀 준다.

36. 칭찬은 총명탕이다. 바보도 천재로 만든다.

37. 칭찬은 가로등이다. 인생의 어두운 밤길을 환히 밝혀 준다.

38. 칭찬은 자유 이용권이다. 마음대로 이용 할 수 있다.

39. 칭찬은 보약이다. 힘이 들 때 보약같이 힘이 난다.

40. 칭찬은 금광이다. 능력과 잠재력을 개발 시킨다.

41. 칭찬은 용광로다. 모든 것을 녹여 버린다.

42. 칭찬은 스마일 디자이너이다. 첫인상을 확 바꿔 버린다.

43. 칭찬은 현찰 박치기다. 현장에서 즉시 효과가 나타난다.

44. 칭찬은 평생 회원권이다. 죽을 때까지 기쁨 속에 살아가게 만든다.

45. 칭찬은 보물찾기다. 모르는 것을 찾아내는 기쁨의 원천이 된다.

46. 칭찬은 헤어 디자이너다. 단숨에 멋진 스타일로 바꿔 놓는다.

47. 칭찬은 무더위의 아이스크림이다. 마음속까지 시원해진다.

48. 칭찬은 보증수표다. 서명하면 행복이 보증된다.

49. 칭찬은 숨쉬기다. 때와 장소가 필요 없다.

50. 칭찬은 임산부다. 안 먹어도 배부르다.

51. 칭찬은 성형수술 전문의다. 단숨에 미인으로 바꿔 놓는다.

52. 칭찬은 비매품이다. 돈 안들이고 기쁨을 전해 준다.

53. 칭찬은 저축예금이다. 늘어날수록 기쁨도 늘어난다.

54. 칭찬은 신용카드다. 어디서나 통용된다.

55. 칭찬은 위대한 대통령이다. 역사를 새로 쓰게 만든다.

56. 칭찬은 만능열쇠다. 어디나 열고 들어간다.

57. 칭찬은 엿장수다. 칭찬 소리 나면 사람이 몰려온다.

58. 칭찬은 예술가다. 상품도 작품으로 바꿔 놓는다.

59. 칭찬은 굿 뉴스 아나운서다. 좋은 소식이 널리 널리 퍼진다.

60. 칭찬은 자석이다. 사람을 끌어들인다.

61. 칭찬은 요술 방망이다. 지옥도 천국으로 만든다.

62. 칭찬은 메아리다. 반드시 돌아온다.

63. 칭찬은 컴퓨터 수리공이다. 고장 난 인생을 고쳐 준다.

64. 칭찬은 곶감이다. 울음을 뚝 그친다.

65. 칭찬은 소매치기이다. 안 보이는 것까지 찾아낸다.

66. 칭찬은 화장실이다. 속까지 시원하다.

67. 칭찬은 씨앗이다. 무한한 가능성을 갖고 있다.

68. 칭찬은 불가마다. 모르는 사이에 독소가 빠져나간다.

69. 칭찬은 금메달이다. 받으면 기분 좋고 금같은 사람으로 변화된다.

70. 칭찬은 고급 영양 크림이다. 피부를 아주 곱게 만들어 준다.

71. 칭찬은 종합 비타민이다. 몸과 마음이 상큼해진다.

72. 칭찬은 옛날이야기다. 들을수록 구수하다.

73. 칭찬은 암전문의이다. 칭찬은 암도 고친다.

74. 칭찬은 피아노 조율사다. 불협화음을 없앤다.

75. 칭찬은 벽치기다. 그대로 돌아온다.

76. 칭찬은 양식이다. 매일 먹어도 부작용이 없다.

77. 칭찬은 응원 단장이다. 자신감이 넘친다.

78. 칭찬은 처갓집 말뚝이다. 자꾸 절하고 싶다.

79. 칭찬은 조수미 노래다. 듣고 나면 또 듣고 싶어진다.

80. 칭찬은 영혼이다. 보이지 않지만 가장 중요하다.

81. 칭찬은 초병이다. 밤에도 나를 지켜 준다.

82. 칭찬은 사람들의 촉매제다. 인간관계를 부드럽게 한다.

83. 칭찬은 어머니다. 만나고 싶고 그립다.

84. 칭찬은 태양빛이다. 모두를 따뜻하게 한다.

85. 칭찬은 무더위의 에어컨이다. 온 몸이 시원케 된다.

86. 칭찬은 개그맨이다. 사람을 웃게 만든다.

87. 칭찬은 옹달샘이다. 마음의 갈증을 깨끗이 씻어 준다.

88. 칭찬은 효자다. 효도 받은 것처럼 행복하다.

89. 칭찬은 재롱둥이다. 사람들에게 기쁨을 준다.

90. 칭찬은 가정의 혁명가다. 가정의 분위기를 확 바꿔 준다.

91. 칭찬은 친한 친구다. 언제 만나도 즐겁다.

92. 칭찬은 연애편지다. 받으면 흥분된다.

93. 칭찬은 정신과 의사다. 만나면 정신이 맑아진다.

94. 칭찬은 내과 의사다. 속까지 시원하다.

95. 칭찬은 산소다. 마시면 머리가 맑아진다.

96. 칭찬은 애인이다. 생각만 해도 설렌다.

97. 칭찬은 후원 회장이다. 언제나 지지해 주고 응원해 준다.

98. 칭찬은 고기 맛이다. 먹어 본 사람만 맛을 안다.

99. 칭찬은 행복배달부다. 칭찬만 배달되면 행복이 넘친다.

100. 칭찬은 행복의 마술사다. 고통을 당해도 몇 배의 힘이 난다.

101. 칭찬은 로또 복권이다. 인생의 대박이다.

102. 칭찬은 1%의 영감이다. 99%의 잠재된 능력을 이끌어 낸다.

103. 칭찬은 춤이다. 칭찬만 들으면 어깨춤이 저절로 춰진다.

104. 칭찬은 무더위에 아이스크림이다. 마음속까지 시원해진다.

105. 칭찬은 영양제다. 새 힘이 솟는다.

106. 칭찬은 다이아몬드다. 사랑의 결정체이다.

바보도 칭찬하면 유능하게 된다.

'바보도 칭찬하면 유능하게 된다.'는 서양의 속담이 있습니다.

이 속담을 보는 순간 '바보도 칭찬하면 장군 된다.'는 온달장군이야기가 생각났습니다.

그렇다면 결국 이 땅에 바보는 없다는 결론이 나오지 않는가요?

안타까운 것은 칭찬 못하는 바보가 세상에 너무 많은 것입니다.

칭찬박사는 사람과 사람의 가치를 아는 사람이다.

『사람을 아는 것은 군왕의 길이요. 일을 아는 것은 신하의 길이다』

조유라는 중국 사람이 쓴 반경에 나오는 참으로 귀한 명언입니다.

각 분야의 왕이 되려면 일이 아니라 사람을 더 잘 알아야 한다는 말입니다.

신하, 전문가의 첫 번째 일도 왕, 조직의 대표의 의도를 먼저 알아야 하는 것입니다. 신하가 되는 길이든, 왕이 되는 길이든 먼저 사람공부부터 해야 합니다. 그러나 그 어디도 사람을 가르치는 학교와 교육기관이 없습니다. 칭찬박사과정에서는 단순한 칭찬이 아니라 사람을 바로 알고하는 바른 칭찬을 배웁니다.

그러므로 사람을 알면 신하도 왕처럼 살 수 있고, 사람을 모르면 왕도 신하처럼 살게 됩니다.

사람에 대해 얼마나 알고 있습니까?

　사람에 대한 가치 공부를 하지 않는 사이 돈이 모든 것의 기준이 되는 사회가 되어 버렸습니다.

　행복하려고 돈을 벌었지만 행복의 주인공이 아니라 돈의 노예가 된 느낌으로 살아가고 있습니다. 우리가 사람에 대한 바른 공부가 없는 한 인간은 앞으로도 돈의 노예에 지나지 않을 것입니다.

　파스칼은『인생 최고의 불행은 인간이면서 인간을 모르는 것이다.』라고 했습니다. 정말 그렇습니다. 그렇다면 행복은 인간을 아는 것으로부터 시작 될 것입니다.

　에디슨은『우리는 그 어떤 것에 대해서 1억 분의 1도 모른다.』고 했습니다. 참으로 의미심장한 명언 아닙니까?

　나 자신에 대해 아는 것도 1억분의 1도 모른다는 뜻입니다.

그래서 인간은 꼭 교육이 필요하다

칸트는 '인간은 교육을 통하지 않고는 인간이 될 수 없는 유일한 존재다'라고 했습니다. 모든 동물은 엄마로부터 3개월이면 평생교육이 끝납니다. 그러나 인간은 30년을 교육해도 아니 죽는 그날까지 배워야 합니다. 그래서 평생교육이라는 말이 생기고 평생교육기관이 생겨났습니다.

하지만 여전히 진정한 인간교육은 없습니다. 그래서 칭찬박사교육이 꼭 필요합니다.

사람과 경영의 본질을 알자

『경영이란 다른 것이 아니라, 다른 사람들에게 동기를 부여하는 것이 전부다』(리 아이야 코카)

자동차계의 전설인 클라이슬러 자동차 회사의 리 아이야 코카 회장의 경영철학입니다.

백번 옳은 명 정의입니다.

회사 경영에 있어서 가장 중요한 것은 인간경영입니다.

사람들에게 최고의 동기부여는 돈보다 멋진 칭찬입니다.
인간경영의 핵심은 존중받는 칭찬이 최고입니다.

나는 누구인가?

정말 나는 누구인가? 이것이 유사 이래 수많은 철학자들의 질문이었습니다.

아인슈타인은 『모든 아이는 다 천재로 태어난다.』라고 했습니다.

미래학자 버크 민스터풀러는 『모든 사람은 천재로 태어난다.』라고 했습니다.

안타까운 것은 10,000명의 천재가 태어나면 9,999명은 만 6년 안에 둔재로 전락되고 끝까지 천재로 남아 있는 사람은 1명이라는 것입니다.

얼마나 억울한 일입니까?

아이로 태어나지 않는 사람이 어디 있습니까?

천재로 태어나지 않는 사람이 어디 있습니까?

《그렇다면 당신은 원래 천재입니다.》
당신은 진짜 천재입니다. 천재를 몰라봐서 죄송합니다.

이 천재성을 깨워주는 것이 부모, 교사, CEO, 리더들의
첫 번째 사명입니다.

부모는 아이들을 칭찬 할 때 철들기 전까지는 자연스럽
게 미래형으로 칭찬을 해왔습니다. 그러나 철들고 난 후부
터는 대부분이 과거에 대한 평가로 '잘 했다.' '못 했다'의 칭
찬을 하지 않았는가? 미래형 칭찬은 철들기 전에만 필요한
것이 아닙니다. 성인이 된 이후에도 여전히 필요합니다.

태어날 때는 다 천재였던 사람이 철들면서 부모들과 학
교의 평가로 인해 자신의 본 모습을 찾지 못하고 방황하고

있습니다.

  칭찬박사는 『사람을 알아주는 사람은 천재로 살고 있다』
고 말합니다.
  사람을 알아주는 칭찬 잘하는 사람이 이 시대가 필요로
하는 진짜 천재입니다.

칭찬박사는 위대한 명예요, 가장 위대한 교육자다.

명예로운 사람, 참 인간이 되려면 깊은 인간이해가 선행되어야 합니다.

"남을 칭찬 할 수 있는 사람이야말로 진실로 명예로운 사람이다."(탈무드)

인간이 가장원하는 3가지는 돈, 권력, 명예이다. 그중에 마지막까지 붙잡고 싶은 것이 명예입니다.

칭찬박사로 살면 명예는 물론이고 권력, 돈까지 따라오며 존경받는 인물이 됩니다. 위대한 칭찬 한마디면 1년은 살 수 있다.(김기현)

칭찬은 사람을 변화시킬 수 있는 가장 확실한 무기다. (김기현박사)

『인간은 자신을 알아주는 사람 앞에서만 인간으로 존재한다』(사르트르)

사르트르의 이 말도 인간 이해의 폭을 확 넓혀주는 심오

한 깨달음입니다.

인간은 모든 사람을 동등한 방법으로 대하지 않는 것입니다. 그렇습니다. 인간관계는 철저히 상대적입니다. 1:1의 개인적 관계로 대해야 합니다.

실천하는 당신이 칭찬박사입니다.

칭찬박사는 나를 나답게 합니다.

칭찬박사는 행복하고 성공합니다.

칭찬박사는 참으로 명예로운 사람입니다.

칭찬은 사람 안에 있는 최상의 능력을 끌어냅니다.

인생을 승리한 사람들은 한결같이

칭찬에 탁월한 사람들이었습니다.

칭찬의 언어는, 놀라운 위력이 있습니다.

칭찬은 사람을 춤추게 합니다.

당신을 칭찬박사운동의 주인공으로 꼭 모시고 싶습니다.

당신의 남은 날을 칭찬으로 물들이는

행복한 칭찬박사가 되길 축복합니다.

활동사진

칭찬박사 3급자격과정 소개

나도 칭찬박사 자격증(직업능력개발원 등록) 받을 수 있다

칭찬박사 자격증과정은 나와 사람, 조직의 비밀을 아는 터닝포인트다. 자신의 가치와 자신을 사랑하는 방법을 배우고, 타인 사랑과 칭찬방법을 익혀 칭찬 잘 하는 사람이 되게 하는 과정이다.

1강 **칭찬 잘 하고 잘 받는 방법과 실습**
1. 칭찬을 바로 알고 제대로 배우기
2. 칭찬동기부여법과 경영의 본질 배우기
3. 탁월하게 칭찬하고 칭찬받기 실습

2강 **나 사랑과 장점 발견하는 방법 배우기**
1. 나에 대해 바로 알고 바른 생각을 하게 한다.
2. 자신감의 놀라운 힘과 비밀을 배운다.
3. 자신을 사랑하고 장점 발견하기.

3강 **당신도 훌륭한 칭찬박사가 될 수 있다.**
1. 칭찬의 놀라운 효과가 어떤 것인지 배운다.
2. 바보도 유능하게 만드는 칭찬 법을 배운다.
3. 위대한 지도자가 되는 칭찬 법을 배운다.

교육대상 : 경영자, 직장인, 영업인, 부모, 교사, 학생, 취업준비생 등

교육시간 : 3시간

교육비 : 칭찬박사 자격증 포함 5만원.

강사 : 김기현박사외 칭찬박사협회 전문강사

직장, 단체, 학교 단체 출강 어디든 가능합니다.

문의처 : 칭찬박사협회 02-861-1887

 칭찬박사등록증

 칭찬박사자격증

©2018, 김기현

펴낸날 2018년 1월 10일 초판 1쇄 발행

지은이 김기현 **펴낸이** 임정무 **펴낸곳** 도서출판 무지개마을

출판등록 2014년 3월 6일 제2014-000001호

주 소 경기도 안성시 고삼면 신창길132

이메일 tbw0920@naver.com

인쇄처 ㈜코리아프린테크

기획 총괄 교육법인 국제사회교육재단 1566-1965

ISBN 979-11-955033-5-3

값 3,000원